Made in the USA
Monee, IL
06 August 2022

11077402R00063